AF246857

DE L'ÉTAT ACTUEL

ET DE L'AVENIR

DE L'ISLAMISME

DANS L'AFRIQUE CENTRALE,

PAR GUSTAVE D'EICHTHAL.

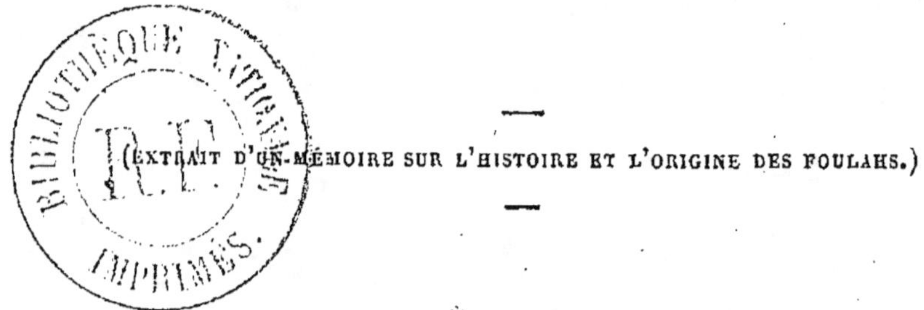

—

(EXTRAIT D'UN MÉMOIRE SUR L'HISTOIRE ET L'ORIGINE DES FOULAHS.)

—

DEUXIÈME NOTE SUR L'UNITÉ EUROPÉENNE.

PARIS.

TRUCHY, LIBRAIRE,

BOULEVART DES ITALIENS, 18.

1844

BIBLIOTHÈQUE NATIONALE · R.F. · IMPRIMÉS

IMPRIMERIE DE Mme Ve DONDEY-DUPRÉ,
RUE SAINT-LOUIS, 46, AU MARAIS.

Les considérations et les renseignements qui
font l'objet de cet écrit se rapportent à l'un
des points les plus intéressants de l'histoire islamique. Nulle part, en effet, la prédication du
Koran n'a produit une révolution plus profonde, plus salutaire, que dans l'Afrique centrale. Cependant les circonstances de ce grand
événement sont en général peu connues. Nous
avons voulu en retracer le tableau, et nous l'of-
frons ici, dans la pensée que ce travail pourra
contribuer à répandre des notions plus vraies
sur le caractère et les tendances de l'islamisme,

et faciliter les mesures de conciliation que les puissances européennes et la France en particulier ne peuvent tarder à adopter à l'égard de ce culte, dans un intérêt politique, aussi bien que dans une pensée de justice.

La population indigène de l'Algérie, que la France a soumise ou veut soumettre à sa souveraineté, est toute entière musulmane; et on ne peut espérer de l'attacher d'une manière durable à l'autorité nouvelle qu'en lui donnant toute sécurité pour l'avenir de sa foi religieuse.

Au Sénégal, les établissements français, sur un nombre total de 18,000 habitants, comptent 3,000 chrétiens et 15,000 musulmans. Les peuples voisins les plus importants, les Foulahs, les Mandingues, une partie des Ghiolofs, sont aussi musulmans; et derrière ces peuples, à l'est, l'islamisme domine jusque sur les côtes de la mer Rouge.

C'est donc pour la France un intérêt, et aussi un devoir politique, de se montrer juste et bienveillante envers l'islamisme; elle peut ainsi, en s'épargnant d'immenses sacrifices, assurer son influence sur les peuples noirs de l'Afrique centrale, et affermir sa domination sur les Arabes et les Kabyles de l'Algérie.

L'islamisme s'étend aussi à travers tout le continent asiatique, depuis la Turquie jusque dans l'Inde et dans la Chine, et depuis l'Arabie jusqu'à l'extrémité de l'Archipel indien. Et lorsque l'Europe semble vouloir se faire un champ de bataille de ce continent, la sympathie des nombreuses populations musulmanes de l'Asie est une force qu'une politique prévoyante ne doit pas négliger de se concilier.

Il est vrai qu'on pourrait préférer à la conciliation le prosélytisme, et aux alliances les conversions; mais nous ne pensons pas que cette politique soit suffisamment conforme au génie de notre temps, ni qu'elle offre de grandes chances de succès.

La France a établi la première, à l'époque de sa révolution, le principe du libre exercice de tous les cultes; la première aussi elle a consacré l'égalité constitutionnelle de tous les cultes chrétiens, et en dernier lieu du culte israélite. Maintenant qu'elle commande à des sujets musulmans, elle ne tardera pas sans doute à accorder la même prérogative au culte islamique; l'intérêt de ses possessions africaines, celui de ses relations orientales, l'exigent; ce sera aussi un acte de justice religieuse. L'islamisme, par ses dogmes, se rapproche du christianisme, au moins autant que le judaïsme, et il n'y a point de raison pour qu'il occupe dans notre ordre constitutionnel une place moins élevée.

Une des objections les plus graves que l'on présente ordinairement contre l'admission de l'islamisme au nombre des cultes nationaux est l'existence de certaines dispositions civiles que cette religion consacre et qui sont contraires à nos lois et à nos mœurs. Mais ces dispositions sont de la part de l'islamisme une concession bien plus qu'un précepte; elles ne tiennent nullement au fond même de son dogme, et il peut indifféremment les adopter ou y renoncer. Le protestantisme et le judaïsme admettent le divorce, et cependant la loi française, qui repousse le divorce, sanctionne leur existence, à condition qu'ils se conforment en ce point au système national. Rien ne s'oppose à ce que la loi française sanctionne également l'existence de l'islamisme, moins la polygamie.

On a craint aussi que l'admission de l'islamisme au nombre des cultes nationaux n'impliquât, de la part de la France, la reconnaissance de l'autorité que le sultan, par son titre de kalife, est appelé à exercer sur tous les musulmans. Il est vrai qu'en prenant le dogme musulman dans sa rigueur il en serait ainsi. Mais les événements qui depuis soixante années ont si profondément modifié les institutions civiles et religieuses du monde chrétien n'ont pas été non plus sans action sur l'islamisme. Des contrées, des populations musulmanes ont passé sous la domination de maîtres chrétiens. La Russie a maintenant des sujets musulmans en Crimée et dans ses provinces orientales ; l'Angleterre en a dans l'Inde ; et ni les uns ni les autres ne s'enquièrent de l'autorité attribuée au vicaire de Mahomet qui règne à Constantinople.

Mais, sans recourir à ces exemples étrangers, nous pouvons invoquer notre propre expérience. La France n'a reconnu, à l'égard de ses sujets musulmans d'Afrique, ni l'autorité orthodoxe du sultan de Constantinople, ni l'autorité schismatique de l'empereur de Maroc. Dans la prière du vendredi, on a substitué au nom du sultan le nom de celui *qui veille à la paix du pays*, désignation vague, mais qui implique la reconnaissance de l'autorité française. La justice, attribut par excellence de l'autorité religieuse dans les idées musulmanes, émane de la

France; c'est la France qui nomme les cadis, et leur juridiction est acceptée. Bien plus, on accepte, on recherche la juridiction des officiers français qui commandent les camps établis au milieu des tribus. Car les musulmans aussi sont hommes; et comme tous les hommes ils cèdent à l'empire des faits, et acceptent ce qui est positivement avantageux à leur bien-être et à leurs intérêts.

Et pourquoi d'ailleurs y aurait-il incompatibilité entre la foi qu'ils professent et l'acceptation de la souveraineté française?... S'il s'agissait de soumission à une autorité *catholique*, nous le concevrions; mais on ne peut pas dire qu'il en soit ainsi. En France, le chef de l'état est catholique; mais la religion catholique n'est pas religion de l'état. L'état n'est pas plus catholique qu'il n'est luthérien, calviniste ou israélite; aussi peut-il sanctionner l'existence de ces différents cultes, confirmer la nomination de leurs ministres. L'état n'appartient à aucune de ces communions spéciales, non qu'il soit *athée* comme on l'a dit bien à tort, mais parce qu'il représente un sentiment religieux plus complet que celui d'aucune de ces communions spéciales, sentiment qui, se fondant sur l'initiation biblique et l'œuvre toute entière de la civilisation, embrasse à la fois dans son unité les intérêts moraux, matériels et intellectuels de l'homme et de la société.

Le symbole religieux de la France, ce n'est plus la croix, c'est le même emblème qui lui sert de symbole politique : ce sont les TABLES DE LA LOI, ces tables dont la révolution de juillet a effacé le vieux texte du Décalogue pour y substituer ce qui n'en est après tout que le développement politique moderne, la charte de 1830. Ce symbole n'est ni catholique, ni grec, ni protestant, ni israélite, ni musulman ; il est BIBLIQUE, il est FRANÇAIS, et il doit devenir EUROPÉEN.

Si l'on cherche quel a été le fait dominant de l'histoire depuis la grande évolution du seizième siècle, on trouve que ce fait a consisté dans l'établissement progressif de l'unité européenne, et que cette unité, à chaque nouveau progrès, s'est manifestée par une conciliation politique de plus en plus étendue entre les différents schismes qui séparent les nations chrétiennes de l'Europe.

Au milieu du dix-septième siècle, la lutte si longue et si obstinée des deux grandes fractions de la chrétienté occidentale, du protestantisme germain et du catholicisme latin, se termine par le traité de Westphalie, qui donne définitivement droit de cité en Europe aux confessions protestantes.

Environ cent soixante-dix ans plus tard, intervient le traité de la sainte alliance, par lequel les souverains de l'Autriche catholique, de la Prusse protestante, de la Russie grecque-orthodoxe, s'engagent à prendre pour règle de leur gouvernement les principes qu'ils reconnaissent appartenir en commun aux dogmes religieux professés par chacun d'eux; la sainte alliance devient ainsi un pacte de conciliation entre ces rivaux qu'une profonde inimitié a si longtemps séparés, la chrétienté d'orient et celle d'occident.

Enfin, l'année 1840 a vu l'empire ottoman admis comme sixième puissance dans le conseil européen. Ce conseil s'est interposé pour restituer et garantir au chef de l'islamisme la possession de cette *Terre-Sainte* que pendant des siècles l'Europe n'avait épargné ni sang ni trésor pour arracher aux musulmans. Cette fois, c'est l'islamisme qui a fait sa paix avec les chrétiens d'orient et d'occident, et son accession a com-

plété le cercle de la grande famille des peuples
bibliques.

Cette conciliation politique, prélude nécessaire d'une conciliation dogmatique qui ne peut
manquer de la suivre, a été l'œuvre d'une puissance nouvelle, née au seizième siècle des nécessités récentes de l'ordre européen, de la DIPLO-
MATIE. Affranchie par son origine et son caractère des préoccupations étroites du mysticisme
et de l'esprit de secte, et des inspirations exclu-
sives de l'esprit national, ayant à son service les
forces, les lumières, les séductions mêmes de
la civilisation moderne, la diplomatie a peu à
peu superposé son pouvoir à celui de la théo-
logie et de la guerre, et fait servir le développement de son influence à celui de la civilisation qu'elle représentait. Après avoir eu pour
point de départ le *machiavélisme*, à mesure que
les relations des peuples se sont améliorées, elle
s'est de plus en plus élevée à la conception d'un
intérêt commun et général des sociétés humaines; elle s'est de plus en plus proposé pour tâche le perfectionnement de l'organisation inté-
rieure et des rapports internationaux de ces
sociétés. Organe de la grande loi religieuse moderne, la CONCILIATION, elle a été appelée à réaliser

pour l'unité du globe ce que les ordres religieux du moyen âge, avec lesquels elle a plus d'un trait de ressemblance, ont imparfaitement accompli pour l'unité de l'Europe; c'est elle vraiment aujourd'hui qui a *charge d'âmes;* il y a en elle le germe d'un sacerdoce nouveau, et déjà peut-être, plus qu'on ne le croit, elle a conscience de sa mission.

DE L'ÉTAT ACTUEL

ET DE L'AVENIR

DE L'ISLAMISME

DANS L'AFRIQUE CENTRALE.

Les premières conquêtes de l'islamisme en Afrique sont aussi anciennes que cette religion elle-même ; ce fut dans la septième année après la mort du prophète que son second successeur, Omar, s'empara de l'Égypte et y établit la foi musulmane. Avant la fin du siècle, l'islamisme avait envahi toute la côte méditerranéenne, et s'était implanté sur la côte orientale de ce continent. Ce ne fut que plus tard qu'il s'introduisit dans la région de l'Atlas, puis chez les tribus nomades du Sahara ; enfin dans le Soudan et dans la Sénégambie. Nous avons vu qu'à une époque toute récente il avait pénétré dans la région inférieure du Niger et sur la côte de Guinée. Aujourd'hui, dans toute la partie supérieure du continent africain, depuis la Méditerranée jusque vers l'équateur, l'islamisme est la religion la plus généralement répandue, souvent même la religion dominante, et son introduction a produit d'immenses changemens dans l'état des sociétés africaines. Nulle histoire ne saurait être plus intéressante au point de vue philosophique que celle de cette révolution opérée pour ainsi dire à notre porte, parmi ces populations que l'on croit généralement encore plongées dans une profonde barbarie.

Dans une note annexée à ce mémoire, nous avons réuni un certain nombre de témoignages qui font connaître les résultats de l'influence que l'islamisme a exercée en Afrique sur les sentiments, les connaissances et la condition sociale des populations. En parcourant cette série de fragments, on verra se dérouler devant soi un tableau auquel on ne saurait refuser quelque admiration. A mesure que l'islamisme s'avance, on le voit renverser les idoles, abolir les sacrifices humains, restreindre la polygamie, consacrer les droits des femmes, fonder les liens de famille, jusque là à peu près inconnus, faire de l'esclave un membre de cette famille, et souvent même l'appeler à la liberté. Avec l'usage de la langue arabe et de l'écriture, il répand la connaissance du Koran et celle des doctrines et des traditions bibliques ; il initie le Noir à la notion et au respect du droit, et en même temps au sentiment de la *dignité personnelle* et de *l'indépendance politique*. Il combat chez ces peuples encore enfants leur amour inné des plaisirs matériels. Ses voyageurs commerçants ou missionnaires circulent de Tripoli, quelquefois même de la Turquie et de l'Égypte, jusqu'à la Sénégambie et à la côte de Guinée, et à son ordre le pauvre Noir, jusque là invinciblement attaché à la glèbe où il prit naissance, ne craint pas de se lancer à travers d'immenses espaces , à travers les hautes montagnes et les solitudes sans bornes, pour aller à la Mecque, avec les hadjis d'Asie et d'Europe , saluer la maison de Dieu. Là où il n'y avait que des barbares dont les idées , comme les croyances, ne dépassaient pas l'horizon du pays natal, l'islamisme a fait des hommes, des hommes rattachés par lui à la grande famille abrahamique, dont ils partagent les traditions et les espérances ; et avec ces idées d'une famille humaine , d'une providence immuable, bienveillante et rémunératrice, il a doté l'Afrique d'un bienfait qu'elle ne pouvait recevoir que de lui, celui de l'*unité religieuse*.

L'influence de l'islamisme est particulièrement remarquable sous un rapport qui , en ce moment, fixe d'une manière spéciale l'attention de l'Europe : la condition des esclaves en Afrique. Le Koran, il est vrai, ordonne la guerre contre les idolâtres et prescrit de les réduire en servitude. Ce précepte a été et est encore pour les Musulmans d'Afrique, Arabes, Foulahs ou Noirs, le prétexte de continuelles expéditions, de *razzias* contre les infortunés Kafirs qui les environnent ; ces populations infortunées sont traitées comme le furent les Saxons par Charlemagne et les Slaves germaniques par les Allemands du moyen âge ; les marchés de la côte occidentale, ceux des états barbaresques et de l'Égypte sont alimentés en partie par les produits de ces déplorables expéditions. (1). Les Kafirs, de

(1) Il y a cependant sur ce point même quelques réserves à faire. Si, d'une part, la loi islamique ordonne de poursuivre à outrance les ido-

leur côté, qui de temps immémorial ont guerroyé entre eux pour se fournir d'esclaves, ne se font pas faute, lorsque parfois ils le peuvent, d'enlever et de vendre les Musulmans. Mais ces maux, causés par l'invasion de l'islamisme à son début, ont leur terme et leur remède assuré dans le développement même et l'affermissement de cette religion; car si la législation musulmane est rigoureuse à l'égard de l'idolâtre, elle est au plus haut degré tutélaire à l'égard de l'individu musulman, soit libre, soit même esclave. Nul Musulman libre ne peut être réduit en servitude; nul esclave ne peut être vendu aux infidèles; et telle est même, en ce qui concerne le régime de l'esclavage, la douceur des mœurs, fondée sur la loi religieuse, qu'en Afrique, comme dans tous les pays musulmans, l'esclavage n'est guère en réalité qu'un mode de domesticité; que l'esclave n'est presque jamais vendu; qu'il est même, en général, traité comme un membre de la famille, et très-souvent obtient la liberté par un affranchissement que la religion elle-même recommande comme une pratique sanctifiante. Nous nous référons, pour la preuve de ces faits, à la partie de notre annexe relative à la condition des esclaves chez les Musulmans d'Afrique.

Mais ce n'est pas seulement à l'Africain, c'est à

---

lâtres et de les réduire en servitude à moins qu'ils ne se convertissent, rien cependant ne peut être plus contraire à l'esprit de cette loi que de livrer les captifs aux mains des infidèles. Il y a d'ailleurs dans les préceptes de bienveillance et de charité que le Koran enseigne une force capable de ramener les Musulmans à des sentiments plus humains. Voyez à l'Annexe I les témoignages formels que nous rapportons à ce sujet.

l'Européen lui-même que l'islamisme a été propice en Afrique. Si depuis cinquante ans nos voyageurs ont pu visiter ce continent, qui jusque là leur était demeuré fermé, c'est qu'ils y ont été protégés par les sentimens de charité et de fraternité introduits par la doctrine musulmane. Une étude attentive des voyageurs modernes ne laisse aucun doute à cet égard.

« Jusqu'à un certain point, dit un écrivain qui a si consciencieusement étudié tous les éléments de la civilisation africaine (1), les Mahométans marchent sur la même ligne que nous, et il y a dans leur croyance des dogmes dont nous pourrions tirer parti pour introduire

(1) Cet écrivain est sir Fowell Buxton, si connu par la part qu'il a prise et ne cesse de prendre à l'œuvre de l'émancipation des Noirs, et qui est aujourd'hui président de la Société formée à Londres en 1839, pour *l'abolition de la traite et le développement de la civilisation en Afrique.*

Il y a cinquante ans passés qu'une association célèbre se constitua à Londres, dans le but de *favoriser les découvertes en Afrique.* Elle se proposa pour œuvre principale la reconnaissance du cours du Niger, si longtemps et si vainement cherché, et après quarante ans d'efforts, grâce au zèle et au courage de ses voyageurs, grâce surtout au dévouement des trois nobles victimes, Mungo Park, Clapperton et Lander, aux noms desquels s'associent glorieusement ceux de Lyon, de Denham, et de notre Caillié, elle vit sa tentative couronnée de succès. En 1830, Lander descendit le Niger jusque près de son embouchure dans le golfe de Guinée.

Après la découverte de Lander, l'ancienne association africaine annonça qu'elle regardait sa mission comme terminée, et se déclara dissoute. Mais en 1839, une nouvelle association africaine s'est formée à Londres, en se donnant pour but à la fois *l'abolition du commerce des esclaves et le développement de la civilisation en Afrique.* C'est aussi vers la région du Niger qu'elle a d'abord tourné ses vues; et à sa demande le gouvernement anglais vient d'armer une expédition de trois bâtimens à vapeur, destinée à remonter le fleuve, et à fonder sur ses bords des établissements fixes, qui doivent entretenir avec les populations de cette partie de l'Afrique des relations permanentes.

2

chez eux une instruction plus saine. Les Musulmans de l'ouest ne regardent pas les Chrétiens avec la même horreur que ceux de l'est ; ils savent que nous admettons un assez grand nombre de faits de leur histoire sacrée ; ces points de contact font sur leur esprit une impression favorable, et les noms d'Abraham et de Moïse sont une recommandation auprès d'eux pour nos livres saints. Nous pouvons encore nous rapprocher d'eux en Afrique par l'horreur commune aux deux religions pour les rites et les sacrifices sanguinaires des païens (1). »

L'ensemble des faits que nous venons de rappeler prouve suffisamment que l'islamisme doit entrer désormais comme un élément nécessaire dans les destinées de l'Afrique ; et que tout ce qui se rattache au développement de cette foi exige la plus sérieuse attention de la part des hommes qui appellent de leurs vœux et accélèrent par leurs efforts le développement de la civilisation africaine. Mais pour nous faire une juste idée de l'avenir réservé à l'islamisme en Afrique, nous devons d'abord considérer d'une manière générale quelle est aujourd'hui sa position dans le monde européen.

La décadence progressive de la puissance ottomane, depuis le seizième et surtout depuis le dix-septième siècle, en faisant cesser l'effroi que cette puissance avait si long-temps inspiré à l'Europe, a produit un changement profond dans les dispositions des popu-

______

(1) Buxton, p. 570.

lations chrétiennes à l'égard de l'islamisme. La révolution a été si complète, que l'empire ottoman est maintenant considéré comme un élément nécessaire de l'équilibre européen ; et l'Europe semble mettre à conserver cet empire autant d'ardeur qu'elle en mit autrefois à disputer aux infidèles la possession de la Terre-Sainte. Cette année même, la Porte s'est vue admise dans le conseil des grandes puissances européennes, et le représentant de l'islamisme a siégé à côté de ceux de toutes les grandes communions chrétiennes. L'intégrité de l'empire ottoman est devenue le mot de ralliement de la diplomatie européenne.

Tandis que les nécessités politiques amenaient ces rapports politiques nouveaux entre les puissances chrétiennes et la puissance musulmane, les progrès de la science permettaient d'étudier les monuments de la foi et de la civilisation islamiques, jusque là à peu près inconnus, et le progrès de l'esprit philosophique permettait de les apprécier. Maracci, en 1698, publiait, avec l'autorisation du pape, sa belle traduction latine et son commentaire du Koran, en leur donnant pour passeport une réfutation. Vinrent ensuite la traduction française de du Ryer en 1734, la traduction anglaise de Sale en 1764, la traduction française de Savary en 1783 ; une nouvelle traduction française par M. Kasimirski a paru en 1840 (1).

Tous ces ouvrages sont précédés de discours pré-

____

(1) Il est superflu de dire qu'il existe des traductions du Koran en langue allemande, mais je ne puis en ce moment citer ni le nom des auteurs, ni l'époque de la publication.

liminaires, dans lesquels les auteurs se sont efforcés, les textes à la main, de combattre les préjugés injustes et violents qui existaient et qui malheureusement, quoique bien affaiblis, existent encore chez la plupart des Européens, contre les doctrines islamiques. Nous n'avons pas à suivre ces écrivains dans la discussion des principes moraux et théologiques de l'islamisme; cet examen nous entraînerait trop loin de notre sujet : nous nous contenterons de renvoyer nos lecteurs aux ouvrages que nous avons cités; nous leur recommandons aussi les belles pages que quelques écrivains contemporains, Pastoret, Lamartine, Michelet, Napoléon, ont consacrées à l'appréciation de l'islamisme, ainsi qu'un examen du Koran inséré dans une Revue périodique anglaise, qu'on peut citer comme un modèle de saine critique et de haute impartialité (1). Nous rappellerons seulement ces lignes que l'illustre comte de Maistre a inscrites dans ses Soirées de Saint-Pétersbourg, et qui émanées d'un pareil homme, et appuyées des autorités que lui-même invoque, me paraissent résoudre et épuiser la question : « Le chevalier Jones a remarqué quelque part que le mahométisme est UNE SECTE CHRÉTIENNE, *ce qui est incontestable et pas assez connu.* La même idée avait été saisie par Leibnitz et avant ce dernier par le

---

(1) Pastoret, *Confucius, Zoroastre et Mahomet.* — Lamartine, Voyage en Orient, t. III, p. 292. — Michelet, Histoire de France, t. III, ch. iii, p. 214. — Mémoires de Napoléon; Égypte, t. V, p. 91 et suivantes. — *Views and objects of Mohamet in the composition of the Korann. Foreign quarterly Review*, vol. XXIII, 1839.

ministre Jurieu. On peut ajouter le témoignage de Nicole à ceux déjà cités (1). »

Ainsi, on peut dire qu'au point de vue moral et théologique, la lutte a cessé aujourd'hui, au moins pour tous les esprits éclairés, entre le christianisme et l'islamisme ; au point de vue politique, la paix est faite aussi entre Chrétiens et Musulmans, au moins dans le monde européen. Cette heureuse conciliation n'existera-t-elle pas pour l'Afrique ? La vaste extension que l'islamisme a déjà prise dans ce continent, les racines profondes qu'il a jetées dans la croyance des peuples, la révolution bienfaisante qu'il a opérée dans l'état social, dans la condition morale et intellectuelle des populations, converties par lui à la croyance du Dieu un ; cette prise de possession accomplie, ces services rendus, devront-ils être considérés comme des résultats non avenus pour le travail de la civilisation africaine ? Pourront-ils être négligés, repoussés par les hommes d'Europe, qui se sont donné pour tâche le progrès de cette civilisation ? Nous ne le pensons pas. Les principaux bienfaits que la civili-

(1) Soirées de Saint-Pétersbourg, xie entretien, p. 326. — « Mohammed et la religion qu'il a fondée ont été pendant bien des siècles, de la part d'auteurs chrétiens, l'objet des plus grossières et des plus absurdes accusations... Cependant un examen impartial des doctrines exprimées dans le Koran aurait fait reconnaître à ces critiques passionnés que Mohammed s'était inspiré le plus souvent des monuments et des croyances qui ont constitué les religions juive et chrétienne. Ce fait aurait dû rendre le prophète arabe moins coupable à leurs yeux, si l'on ne savait pas que la haine est souvent plus forte et plus envenimée entre les dissidents d'une même croyance qu'entre les partisans de croyances totalement opposées. — Pauthier, préface de la traduction du Koran, par Kasimirski.

sation européenne peut prétendre donner à l'Afrique, la croyance au Dieu unique, bon et rémunérateur, les sentiments de piété et de charité fondés sur cette croyance et sur celle de l'unité de la famille humaine, enfin, l'ensemble des dogmes et des préceptes les plus essentiels, que nous devons à la révélation mosaïque et évangélique; ces bienfaits, l'islamisme en a déjà doté l'Afrique. Il est même important de remarquer que pour ce qui touche au régime de l'esclavage, objet qui intéresse si profondément la société africaine, l'islamisme est en meilleure position que nous-mêmes, car il a dès long-temps donné une solution aux difficultés dont nous cherchons encore le remède. Il est vrai que sous d'autres rapports l'action de l'islamisme est loin d'être bienfaisante. Ainsi ses procédés de conversion à l'égard des idolâtres sont empreints d'un fanatisme et d'une barbarie qui, dans l'état actuel de la civilisation humaine, n'ont plus même pour excuse la nécessité; ses missionnaires portent avec eux, au milieu des populations converties, des pratiques puériles et superstitieuses, que l'islamisme pur condamne lui-même il est vrai, tandis que l'état des populations les nécessite peut-être jusqu'à un certain point; la polygamie, le divorce, devraient être sinon entièrement abolis, du moins restreints et modifiés dans un sens plus favorable aux femmes; enfin le même exclusivisme, le même spiritualisme farouche qui caractérise partout les Musulmans, se reproduit aussi en Afrique et y oppose les mêmes obstacles au développement matériel et intellectuel de l'homme, bien qu'ici ses défauts soient, comme nous l'avons vu, tempérés en partie par le caractère naïf et bienveillant des Noirs. Mais enfin, ces imperfections, si graves, si funestes qu'elles puissent être, n'annullent pas tout ce qu'il y a de salutaire dans l'islamisme, ne neutralisent pas le bien qu'il a déjà produit en Afrique ; ne sont point un obstacle à ce qu'il devienne pour ce continent une source de nouveaux bienfaits. Comme toutes les religions, comme toutes les institutions sociales, l'islamisme est aujourd'hui arrivé à un état de crise ; il subit une transformation. Sa régénération s'opère en Égypte, à Damas, à Constantinople, à Alger. Le Musulman, vaincu à la fois par l'attrait des jouissances et par l'ascendant de la force, abjure le rigorisme qui le rendait étranger à nombre de sentiments des plus saints et des plus légitimes, et en même temps cet orgueil qui l'isolait du reste des hommes. Il demande aux Européens les jouissances des arts et les initiations de la science ; il les appelle à la tête de ses armées, et bientôt, peut-être, il apprendra d'eux *le travail.* Cette régénération de l'islamisme au centre même de son empire offre un moyen simple, facile, assuré, et, si je puis me servir de ce mot, en le prenant dans son acception la plus élevée, un moyen de bonne économie pour corriger les abus nombreux qui déparent l'action salutaire de cette religion en Afrique. Une expérience assez chèrement achetée nous a appris que le bien s'obtient plutôt en améliorant ce qui est, en développant les germes heureux déposés dans le présent, qu'en essayant de détruire ce présent, pour y substituer un ordre entièrement nouveau, ou du moins qui a la prétention d'être tel. C'est beaucoup pour une population d'avoir en un ou en quelques siècles subi une transformation aussi profonde que le passage de l'idolâtrie à l'islamisme : elle ne peut pas se décider facilement à recommencer une épreuve dont le succès n'est possible qu'au prix d'horribles déchirements.

Il y a en effet dans la conversion d'une population musulmane des difficultés toutes spéciales, et dont il faut soigneusement tenir compte, s'il s'agit d'ouvrir une propagande religieuse en Afrique. Jusqu'ici les Musulmans ont été inconvertissables pour les Chrétiens, et cette résistance s'explique par la nature même de leur dogme, très-simple en lui-même, et qui, se trouvant d'ailleurs en harmonie avec le christianisme sur un grand nombre de points, est en même temps une protestation expresse contre tous les points qui l'en séparent. Or, ce que les Musulmans ont été partout, ils le sont aussi en Afrique.

Sir Fowell Buxton en fait la remarque dans le livre que j'ai déjà cité : « Je ne suis pas du nombre de ceux, dit-il, qui voient dans le voisinage des mahométans une circonstance encourageante, et je dois avouer qu'au contraire je crains une résistance beaucoup plus opiniâtre à l'introduction des sciences de l'Europe, et en particulier de la plus sublime et de la plus civilisatrice de toutes, de la part des sectateurs du Prophète que de celle des tribus simples et dociles, malgré leur barbarie, de l'Afrique centrale.... Leurs préjugés sont tellement enracinés, que quelques missionnaires n'hésitent pas à déclarer qu'ils aimeraient mieux avoir affaire à des païens qu'à des Mahométans (1). » Mollien parlant des missionnaires chrétiens, remarque qu'ils feraient sans doute des conversions chez les idolâtres, mais qu'ils éprouveraient une résistance invincible de la part des Musulmans (2). Enfin Gray et Dochard rapportent que l'almamy du Bondou se plaignait à eux que les Européens étaient plus amis des Africains idolâtres que des Musulmans, parce que les premiers se laissaient plus facilement convertir à la religion chrétienne (3). Ainsi, nul doute à cet égard; toute tentative de prosélytisme parmi les populations musulmanes de l'Afrique soulèverait tout d'abord ces populations, les rendrait défiantes et hostiles à l'égard des Européens, et, dans le cas même où elle aurait quelque succès, ne manquerait pas d'amener à sa suite une lutte religieuse avec le cortége d'effets désastreux qui accompagnent toujours ces luttes.

Mais ce n'est pas seulement la résistance de l'islamisme qui serait ici à redouter; d'autres difficultés, d'autres maux résulteraient de la nature même des efforts tentés pour le supplanter. Par opposition à l'is-

(1) Buxton, p. 568. L'auteur rapporte aussi que le missionnaire Fox ayant visité l'almamy du Fouta-Bondou, fit à ce chef, sur sa demande, un exposé des doctrines et des préceptes du christianisme. L'almamy lui répondit que tout ce qu'il venait de dire était fort bon, « mais, ajouta-t-il, ni moi ni ma nation ne pouvons abjurer Mahomet. » (*Id.* p. 557.)

(2) Mollien, t. I, p. 55.

(3) Walckenaer, t. VII, p. 130.

lamisme, on peut parler du christianisme comme d'une unité, et à l'époque de la grande lutte des deux croyances, le christianisme, sauf le schisme grec, était en effet unitaire. Mais aujourd'hui, sous ce nom, se réunissent un grand nombre de dissidences, entre lesquelles il n'y a pas de concert possible, et qui portent au loin, en se propageant, les rivalités qui les divisent. On a pu reconnaître, dans une occasion récente, combien les difficultés qui naissent de ce fait sont réelles et sérieuses. Un des premiers objets qui aient fixé l'attention de la société pour l'abolition de la traite et le développement de la civilisation africaine, a naturellement été l'état religieux de ce continent. La société, il faut le dire, n'a pas envisagé cette question d'une manière complète ; elle n'a pas porté son attention sur l'islamisme, qui cependant domine aujourd'hui dans la partie la plus vaste et la plus importante de l'Afrique centrale ; elle ne s'est préoccupée que des religions fétichistes qui règnent encore sur la plus grande partie de la côte, bien que là même leur influence soit de jour en jour amoindrie par les progrès de l'islamisme. En présence de ces religions barbares, l'association a déclaré qu'elle regardait l'introduction du christianisme comme le remède le plus efficace et même le seul assuré contre les maux qui désolaient l'Afrique ; et cependant, au moment même où elle énonçait cette conviction, elle sentait la nécessité d'en accompagner l'expression de la déclaration suivante :

« La société connaît la diversité de vues qui existe quant à la manière dont l'instruction religieuse devrait être répandue ; elle sait que, dans une entreprise de la nature de celle qu'elle poursuit, une complète unanimité est une condition indispensable de succès ; elle se propose, par conséquent, d'agir par des moyens auxquels tous, sans distinction de vues politiques et religieuses, puissent s'associer ; elle s'abstient en conséquence d'établir par elle-même des écoles pour la diffusion de la foi religieuse, non qu'elle méconnaisse le bienfait qui doit résulter pour ce pays idolâtre de l'introduction des croyances chrétiennes, mais parce que les différences d'opinion qui pourraient se produire quant à la manière de réaliser ce bienfait, pourraient nuire à l'unité d'action si nécessaire au succès de l'entreprise. »

Certes il y a lieu de se féliciter en voyant une œuvre aussi importante, et, on peut le dire, aussi sainte, dirigée par des vues aussi sages. C'est une nouvelle preuve des progrès accomplis par les principes de tolérance et de liberté religieuse, principes qui dominent aujourd'hui dans les hautes régions des sociétés modernes, et permettent à ces sociétés d'employer tout entières à des œuvres utiles les forces qu'elles dissipaient autrefois dans de funestes inimitiés. Mais il y a une autre réflexion dont il est impossible de n'être pas frappé en lisant ce manifeste de l'association africaine : si l'association, dans l'intérêt de son propre succès, a senti le besoin de soustraire son œuvre à l'anarchie des dissidences religieuses, cette même anarchie, transportée au milieu de l'Afrique par les missionnaires des sectes rivales, ne saurait

avoir pour la prospérité de ce continent des consé-
quences plus favorables Que l'on songe combien
d'infortunes les rivalités religieuses ont déjà semées
sur ces îles jadis si florissantes de la Polynésie! quelles
difficultés elles créent chaque jour au gouvernement
anglais dans l'Inde! quel discrédit elles ont prompte-
ment réussi à jeter sur les Européens en Abyssinie,
dont elles viennent en ce moment de leur faire in-
terdire l'entrée!

Un danger semblable menace aujourd'hui l'Afrique;
et il est du devoir de ceux qui s'intéressent à la destinée
de ce continent de chercher à l'en préserver, et à lui
épargner le fléau des dissidences religieuses, tout en lui
assurant les bienfaits de l'initiation biblique. Pour
nous, qui, avec les illustres autorités que nous avons
citées, voyons dans l'islamisme une secte chrétienne,
le double problème que nous venons d'énoncer se
trouverait résolu par la consolidation et le perfectionnement de cette religion en Afrique. Que les Européens reconnaissent et acceptent franchement les
progrès déjà accomplis par l'islamisme; que ces progrès leur servent de point de départ dans leur œuvre
d'amélioration; qu'au lieu de se laisser entraîner aux
tentations d'un prosélytisme dangereux, ils se bornent
à répandre parmi les Musulmans les doctrines, les
arts et les sciences de notre civilisation, qu'ils aident
et encouragent les réformes que le contact européen
ne peut manquer de déterminer bientôt dans les
croyances et les pratiques de l'islamisme, comme il est
arrivé déjà en Égypte et même en Turquie; cette

voie sera la plus sûre, peut-être aussi la plus prompte, pour élever progressivement, sans secousses violentes, sans déchiremens intérieurs, les peuples africains au rang qu'ils doivent occuper dans la famille des nations rattachées à la tradition biblique.

Remarquons d'ailleurs que cette pensée a été celle des illustres voyageurs qui les premiers pénétrèrent, il y a bientôt vingt ans, dans les grands états musulmans de l'Afrique moyenne. Lorsqu'ils se trouvèrent en face du cheik de Bornou et du sultan des Fellatahs, Denham et Clapperton ne paraissent avoir été nullement préoccupés d'idées de prosélytisme; ils avaient assez à faire de se défendre eux-mêmes contre le zèle des convertisseurs musulmans. Mais, frappés du spectacle inattendu de l'influence islamique dans ces contrées, ils sentirent qu'il y avait là une puissance avec laquelle il y avait à traiter, et leurs efforts eurent pour objet de fonder des relations de commerce et de bonne amitié entre ces états et leur patrie. Pour arriver à cette fin, nous avons vu que Clapperton ne craignit pas de mettre en avant même les intérêts de la foi musulmane, et nous ne doutons pas qu'il ne le fît avec une parfaite bonne foi et avec la conscience d'accomplir un acte que justifiait au moins la nécessité. L'honorable président de la Société africaine, dans la partie de son ouvrage où il a examiné la question des conventions à conclure avec les chefs africains, a rappelé ces négociations engagées par Denham et Clapperton, et il s'est servi de cet exemple pour montrer que si des traités étaient difficiles ou impossibles avec les chefs barbares de la côte, ils étaient possibles, au contraire, avec les souverains musulmans de l'intérieur, et offraient aux amis de la civilisation africaine un des moyens les plus puissants dont ils pussent disposer pour atteindre au but de leurs efforts (1). Or, cette marche implique nécessairement la reconnaissance et la consécration, de la part des Européens, de l'influence musulmane en Afrique. Un concours sincère et effectif des Musulmans serait impossible à toute autre condition. Nous savons cependant que l'honorable baronnet n'est point un ami de l'islamisme; lui-même, dans son ouvrage, s'est expliqué formellement à cet égard. Mais son opinion nous prouve que, tout principe dogmatique à part, et même en opposition aux principes de cette nature, les hommes éclairés et sincèrement

(1) « Il sera très-difficile, je le soupçonne, d'obtenir le concours des chefs de la côte ; c'est, pour me servir des expressions d'un voyageur qui a passé plusieurs années à étudier la géographie de l'Afrique et le caractère de ses habitants, « une racaille de petits chefs, ignorants et grossiers, et les plus déterminés bandits qu'il y ait sur le globe. » Les boissons spiritueuses importées par les bâtiments négriers en ont fait des ivrognes de profession. En leur qualité de vendeurs d'esclaves, ils n'ont jamais été soumis à aucune autre influence que celle de leur commerce avec des hommes qui sont le rebut même de l'Europe.

» Nous devons donc nous attendre à une forte opposition de la part de ces misérables. Mais, d'un autre côté, je vois dans les dispositions beaucoup plus favorables des sultans et des souverains de l'intérieur un motif d'encouragement et d'espérance. Tout annonce qu'ils ne demanderont pas mieux que de nous recevoir, de traiter et de trafiquer avec nous. Je nommerai d'abord les deux potentats les plus puissants de l'Afrique centrale : le scheik du Bornou et le sultan des Fellatahs, et j'exposerai les motifs pour lesquels nous ne devons pas désespérer de leur coopération.» (Buxton, page 329.) Voyez à l'annexe.

amis du bien reconnaissent qu'il y a dans les circonstances de la société africaine des nécessités qui prescrivent, au moins dans certaines limites, l'adoption du système que nous avons indiqué.

Depuis l'établissement du protestantisme en Europe, mais surtout depuis les événements de la révolution française, un changement immense s'est opéré dans l'ordre religieux des sociétés européennes. De même que dans l'intérieur de ces sociétés, chez celles du moins qui se trouvent placées à la tête de toutes les autres par le caractère de leurs institutions, l'égalité civile et politique a été accordée à tous sans distinction de culte; de même, dans l'ordre diplomatique, les peuples, sans égard aux différences secondaires de dogmes et de rites qui les séparent, et qui si longtemps avaient été entre eux la cause de luttes acharnées, ont réuni leurs représentants pour s'occuper en commun, et en se conformant aux principes religieux et politiques reconnus par tous, des intérêts généraux, intellectuels et matériels de l'Europe et du monde. La première manifestation de cette nouvelle direction politique et religieuse fut le traité de la sainte-alliance, par lequel les représentants européens des trois grandes sectes chrétiennes, procédant sans le concours d'aucun clergé, proclamèrent que les principes généraux de la morale religieuse commune aux nations chrétiennes devaient servir de base au gouvernement intérieur et extérieur des états. Depuis, et tout récemment, la conférence européenne, chargéede régler les difficultés suscitées par la question d'Orient,

a appelé dans son sein le représentant de l'empire ottoman, et l'islamisme a reçu ainsi à son tour, de la
diplomatie, la sanction qui désormais lui assure sa
place dans la famille des nations européennes. Je sais
que cette consécration si remarquable du principe de
conciliation religieuse n'est pas jugée par tous d'une
manière semblable; aux yeux de quelques-uns, ce
n'est qu'un nouveau symptôme de ce qu'ils appellent
l'*indifférence en matière de religion*, et une concession
de plus faite aux exigences de l'ordre politique; aux
yeux de quelques autres, c'est l'avènement d'un sentiment religieux nouveau, plus large, plus élevé que
celui qui a caractérisé aucune des anciennes formes
religieuses, et qui embrasse pour la première fois,
dans toute sa généralité, sans acception de secte
ou de nationalité, l'œuvre du perfectionnement de
l'homme et des sociétés humaines. Mais quelle que
soit l'opinion que l'on adopte à cet égard, que l'on
considère le progrès des principes de tolérance et de
conciliation comme le simple résultat d'une nécessité
politique, ou que l'on voie dans ce fait, et j'avoue
que cette opinion est la mienne, le signe et le résultat d'un progrès religieux, toujours est-il qu'il
doit m'être permis d'invoquer ce fait comme la justi-
fication de la pensée que j'ai émise. Si la paix du
monde, ou les inspirations d'un sentiment religieux
nouveau, ont fait donner à l'islamisme droit de cité
dans le monde européen, les mêmes causes doivent
légitimer son existence en Afrique; il doit lui être
permis de coopérer au perfectionnement de cette civi-

lisation, dont lui-même a jeté les bases, en faisant luire le premier sur ces peuples barbares le flambeau de l'initiation biblique. Pour exprimer ma pensée d'une manière plus précise encore, je dirai que la cause de l'islamisme et celle de la civilisation africaine sont aujourd'hui tellement confondues, qu'à moins d'accepter la perspective de déchirements affreux, on ne peut vouloir le perfectionnement de l'une autrement que par le perfectionnement de l'autre.

En présentant cette pensée, je ne veux, je le répète, ni dissimuler ni atténuer les imperfections qui ont été si souvent, et avec tant de raison, reprochées à l'islamisme, encore bien moins contester la nécessité d'en provoquer la réforme. Mais je crois que cette réforme sera bien plus sûrement obtenue par la diffusion des croyances et des lumières de notre civilisation moderne, assise elle-même sur les bases de la révélation biblique, qu'elle ne pourrait l'être par les efforts d'un prosélytisme sectaire. N'oublions pas que si l'auteur du Koran a été, sous quelques rapports, l'adversaire du christianisme, le christianisme, à cette époque, n'était pas ce qu'il est devenu aujourd'hui. Les tendances idolâtres que Mahomet reprochait avec tant d'amertume aux dogmes et aux rites des chrétiens de son temps, les réformateurs du seizième siècle n'ont pas été moins ardents que lui à les condamner. S'il maudissait l'esprit de dispute qui précipitait les unes contre les autres les sectes chrétiennes, la philosophie moderne n'a pas été plus indulgente que lui-même dans la manière dont elle a jugé le fanatisme scholastique. Grâce à cette intervention de la réforme et de la philosophie, les désordres et les imperfections qui excitaient l'indignation du prophète ont en grande partie disparu, et un monde chrétien nouveau, uni, tolérant et éclairé, un monde vraiment chrétien, a pris la place de celui qui l'avait précédé. A ce monde nouveau il est permis de croire qu'il sera facile de rallier l'islamisme, pourvu toutefois que nous renoncions à employer à son égard les formes d'un prosélytisme blessant, pourvu surtout que nous nous montrions justes envers lui, que nous rendions hommage au bien qu'il a fait, à celui qu'il peut faire encore, et que nous cherchions à le convertir, non point aux mystiques distinctions qui séparent et soulèvent nos sectes les unes contre les autres, mais aux grands principes civils et religieux qui font la force de notre société européenne.

ANNEXE A.

TÉMOIGNAGES RELATIFS A L'INFLUENCE CIVILISATRICE DE L'ISLAMISME
EN AFRIQUE.

—

I. Faits généraux.

« Chaque pas que l'Africain a fait dans la civilisation, et
même vers la connaissance d'un Être suprême, est dû au courage intrépide des Arabes, qui méprisant la crainte qu'ins-
pire ce désert sans bornes qui sépare le pays des Nègres
de celui des blancs, ont seuls pénétré à une assez grande
distance dans les contrées habitées par ces sauvages ignorants, auxquels ils ont porté leur religion et leurs mœurs,
en les convertissant par milliers à la foi musulmane. » Denham
et Clapperton, tome II, p. 308.

« Les sacrifices humains, soit en l'honneur des dieux fétiches, soit en l'honneur des morts, sont encore en usage
chez les peuples de la côte de Guinée, chez les Ashantis, les
habitants de Dahomey et du Benin. Mac Queen dans son *Geo-
graphical survey of Africa*, a rassemblé de nombreux extraits
de Bowdich, Hutcheson, Dupuis et Lander, qui présentent
une peinture effrayante de ces sinistres cérémonies, dans
lesquelles des milliers de victimes sont souvent immolées à
la fois. « Ces sacrifices, ajoute Mac Queen, sont en usage dans
toutes les contrées de l'Afrique occidentale où l'islamisme
n'a pas encore établi son empire. » Mac Queen, page 41.

«Dans la capitale des Ashantis, à Coumassie, les mollahs (1)

----

(1) Ritter a mis ici par erreur *mollahs* pour *mallams*. Les *mollahs* sont
des juges ; le nom de *mallam* ou *mallem*, donné aux missionnaires musulmans dans toute l'Afrique, veut dire *un savant, un sage*.

ou prêtres musulmans venant du nord, se sont rencontrés avec les missionnaires chrétiens venant du sud. Les uns et les autres s'accordent à prohiber le culte des fétiches et les sacrifices humains, pour lesquels le peuple est aussi passionné que les anciens Romains l'étaient pour les combats de gladiateurs. Les mollahs jouissent d'une grande considération ; ils enseignent à lire et à écrire l'arabe, et entretiennent des relations non interrompues avec Tombouctou, sur le Niger. L'un des plus distingués de ces mollahs était Baba, que Bowdich visitait trois ou quatre fois par semaine, et chez lequel il trouvait toujours réunis des Maures étrangers venus de toutes les parties de l'intérieur de l'Afrique (1). Ils déploraient l'ignorance et l'idolâtrie des Ashantis, et appartenaient assurément à une grande propagande mahométane qui s'étend des contrées du Niger jusqu'au pays des Ashantis. » Ritter, tome I, p. 51.

« L'islamisme, dit Mollien, au sujet de la petite république du cap Vert fondée par des Ghiolofs musulmans, semble destiné, en éclairant les Nègres, à leur inspirer un esprit d'indépendance. Tous les états mahométans que j'ai eu occasion de visiter sur la côte d'Afrique sont fédératifs, tandis que les peuples païens gémissent sous le poids de la tyrannie la plus atroce. Ainsi les Poules et les Mandingues musulmans jouissent d'un gouvernement très-doux, tandis que les Jolofs sont continuellement exposés aux caprices farouches de leur maître.» Mollien, tome I, page 138.

« Autant de villages, autant de chefs chez ces peuples païens. Le mahométisme seul a pu former des empires et rassembler une grande population sous ses lois. Les guerres sont continuelles entre toutes ces nations, qui diffèrent par le langage autant que par les mœurs. » Mollien, tome I, p. 268.

(1) Les rencontres de ce genre se reproduisent souvent dans les récits

« Les Bambaras idolâtres, dont j'ai dû traverser le pays, sont gouvernés par une multitude de petits chefs indépendants, qui souvent se font la guerre entre eux. Ce sont des êtres bruts et sauvages, si on les compare aux peuples soumis à la religion du prophète. Ils n'ont aucune idée de la dignité de l'homme. Si j'avais été obligé de demeurer chez eux, mes marchandises eussent éveillé leur cupidité, et n'étant retenus par aucune espèce de crainte, ils m'eussent probablement dépouillé sans scrupule, au lieu que chez les Musulmans j'étais à couvert sous l'égide de Mahomet. » Caillié, tome II, p. 4.

« Jusqu'à ces derniers temps, la langue arabe a été en Afrique presque le seul véhicule des connaissances et de la civilisation. Tous les Arabes du désert apprennent à lire et à écrire ; les écoles arabes du Caire, de Merawi, de Damer, et du Dar-Four dans la région du Nil ; celles du Bornou, du Borgou, du Baghermeh et autres pays du Soudan ; celles de Maroc, de Fez, d'Alger, de Tunis, dans la Barbarie, sont les foyers principaux des connaissances répandues dans l'Afrique par cette nation ; tandis que les écoles des Mandingues, des Foulahs, des Iolofs, des Sousous musulmans dans la Sénégambie, sont d'autres foyers de l'instruction importée sur ce continent par l'islamisme. » Balbi, Abrégé de géographie, page 848.

Mungo Park, qui le premier fit connaître la supériorité des habitants de l'intérieur de l'Afrique sur ceux des côtes, supériorité due en grande partie à l'influence de l'islamisme, nous a laissé une description fort intéressante de l'école de Kamalilia, village dans lequel il fit un séjour de plusieurs mois. « Le maître d'école aux soins duquel Karfa m'avait confié, était un homme doux, paisible, et dont les manières

des voyageurs qui ont visité la côte de Guinée et le bassin du Niger. Dans la ville de Rabba, sur ce fleuve, il y a un quartier réservé aux Arabes.

étaient affables. Il s'appelait Fankouma, et quoique fort strictement attaché à la religion de Mahomet, il n'était nullement intolérant. Il passait beaucoup de temps à lire, et l'enseignement de la jeunesse semblait faire son amusement autant que son occupation. Son école était composée de dix-sept garçons, la plupart fils de Kafirs (idolâtres) et de deux filles, dont l'une était celle de Karfa (1). Outre le Koran, et un ou deux volumes de commentaires sur ce livre, le maître d'école possédait plusieurs manuscrits qu'il avait en partie achetés à des musulmans maures, et en partie empruntés à des buschréens (musulmans) du voisinage, et copiés avec beaucoup de soin. J'avais eu occasion de voir dans le cours de mes voyages d'autres manuscrits. En parlant au maître d'école de ceux que j'avais vus, et en l'interrogeant sur ceux qu'il me montrait, je découvris que les Nègres possédaient entre autres une version arabe du Pentateuque de Moïse qu'ils appellent *Toreta la Mousa*. On estime tant cet ouvrage, qu'il se vend quelquefois le prix d'un esclave de choix. Ils ont aussi une version des Psaumes de David. *Zabora Dawidi*, et enfin le livre d'Isaïe, qu'ils appellent *Lingeli la Isa* (2), et qui est fort estimé. Au moyen de ces livres, plusieurs Nègres convertis ont acquis quelque connaissance des événements les plus remarquables de l'Ancien-Testament. L'histoire d'Adam et d'Eve, la mort d'Abel, les vies d'Abraham, d'Isaac et de Jacob, l'histoire de Joseph et de ses frères, celles de Moïse, de David, de Salomon, etc., m'ont été racontées par plusieurs personnes, en langue mandingue, avec assez d'exac-

(1) Voyez aussi dans Mollien la description de l'école d'Abdoulaï, t. II; p. 99. — Dans toute l'Afrique les écoles sont le grand moyen de propagation des Musulmans : les païens y envoient leurs enfants pour s'instruire, et les enfants reçoivent la foi avec l'instruction.

(1) Le Pentateuque ou *Tora* de Moïse s'appelle en arabe *Torat Mousa*, les Psaumes *el Zabour*, l'Evangile (de Jésus) *el Indjil Isa*. Ce sont ces dénominations corrompues qui sont rapportées par Mungo Park ; il a pris le nom de Jésus (*Isa*) pour celui d'Isaïe.

titude. Je ne fus pas plus surpris d'entendre les Nègres me parler de ces faits, qu'ils ne le furent eux-mêmes de voir que je les connaissais. » Mungo Park, tome II, page 83.

« Je fus obsédé par une foule de Toucolors qui pour la première fois m'adressèrent à l'envi des questions sur mes opinions religie ses. Ils parurent assez scandalisés de ce que je ne croyais pas comme eux que Mahomet fût le prophète de Dieu. Pourquoi, disaient-ils, ne respectes-tu pas notre prophète comme un envoyé du Très-Haut, puisque nous respectons le Christ comme tel? » Mollien, tome I, p. 287. « Le blanc sait lire, il sait écrire, disait-on un peu plus loin au voyageur, *mais il ne sait pas prier*.» Mollien, tome II, p. 91.

« Il n'y a pas plus de soixante-dix ans, disaient les directeurs de la Compagnie de Sierra-Leone devant un comité de la chambre des communes, qu'un petit nombre de Mandingues musulmans s'établirent environ à quarante milles de Sierra-Leone, dans un pays appelé, de leur nom, *le pays Mandingue*. Suivant l'habitude de ceux qui professent cette religion, ils fondèrent des écoles, dans lesquelles ils enseignèrent la langue arabe et les doctrines de Mahomet, et ils mirent en vigueur les préceptes de leur foi, celui en particulier qui défend de vendre comme esclave aucun Musulman. La législation du Coran fut introduite. Les funestes pratiques qui contribuent plus particulièrement à dépeupler la côte furent abolies ; et malgré ce qui subsista de divisions intestines, le pays acquit un degré comparativement fort grand de civilisation, d'union et de sûreté. La population s'accrut rapidement en conséquence, et les Mandingues établirent peu à peu leur suprématie sur toute la contrée dans laquelle ils s'étaient établis. Ceux qui sont instruits dans leurs écoles parviennent au pouvoir et à la fortune dans les pays voisins ; les chefs adoptent le nom musulman en conséquence du respect qui s'y attache, et l'islamisme semble destiné à s'étendre paisiblement tout autour de la petite colonie primitive, portant avec lui les bienfaits qui semblent avoir été partout la conséquence de son triomphe sur l'idolâtrie des Nègres. » Winterbottom, p. 7.

« Nos voyages par terre sont en vérité des promenades en comparaison de ceux que plusieurs Africains entreprennent. Le courage que montrent même les Asiatiques en traversant les steppes de leur continent, est loin d'égaler l'audace et la patience que déploient les Nègres mahométans en affrontant les dangers imminents qui les entourent de toutes parts lorsqu'ils se rendent des bords du Sénégal à la Mecque, à travers leurs déserts immenses, sans eau, sans abri, sans verdure. » Mollien, t. I, p. 290.

L'islamisme a introduit dans toutes les contrées de l'Afrique devenues musulmanes un vêtement uniforme. C'est la tobé, ou tunique à larges manches, et le turban (1). » (Voyez Clapperton, t. I, p. 51 et 284. R. et J. Lander, t. III, p. 62, etc. Mollien, t. II, p. 270).

« Quoique la guerre parût entièrement occuper les pensées du cheikh du Bornou, cependant il pensait sans cesse à porter la réforme dans les mœurs des femmes, entreprise extrêmement difficile, mais il en suivait l'exécution avec persévérance et sévérité. Deux infortunées lui furent amenées; l'activité des espions qu'il avait chargés de surveiller les infractions aux bonnes mœurs avait mis leur crime hors de doute. Quoique dans les occasions ordinaires il penchât tou-

____

(1) Le costume primitif du Nègre se compose d'une pagne ou d'un caleçon autour des reins et d'une autre pagne dont il s'enveloppe au besoin. Quelques peuplades n'ont même d'autre vêtement qu'une ceinture qui cache les organes génitaux. On peut dire que l'islamisme a vêtu les Nègres.

jours pour la clémence, ces pauvres filles furent condamnées à être pendues. L'agitation et la douleur que ce jugement excita parmi toutes les classes du peuple faisait honneur à sa sensibilité. Toujours il montrait pour les ordres du cheikh une soumission qui allait jusqu'à l'abjection ; mais cette fois, les hommes murmurèrent, et les femmes vomirent des injures contre lui. Les deux coupables n'avaient pas dix-sept ans.... La rigueur du châtiment fit presque oublier la faute, ce qui ne serait pas arrivé s'il avait été plus doux. Cependant un fighi (1), presque aussi habile que le cheikh, lui représenta qu'un tel châtiment était un péché, puisque nul passage du Coran ne l'autorisait. Le prophète ordonnait de flétrir la tête du coupable, mais il ne commandait pas de le faire mourir. Il ajouta que si ces pauvres pécheresses souffraient la mort, Dieu la vengerait sur le pays, en l'affligeant de maladies et de mauvaises récoltes. Le cheikh se montra long-temps inexorable, et observa que les richesses, l'abondance, la prospérité, n'étaient rien sans la vertu ; toutefois il finit par commuer la peine, et les deux coupables en furent quittes pour avoir la tête rasée, punition ignominieuse, qui leur fut infligée dans la rue (2). » Denham et Clapperton, t. II, p. 102. D'autres exemples du même genre, rapportés par Denham, montrent que le cheikh était quelquefois impitoyable dans sa sévérité, et que son rigorisme allait jusqu'à la cruauté.

(1) Le mot de *fighi* est probablement une mauvaise écriture de celui de *fakih*, qui veut dire un docteur.

(2) « Quant aux femmes publiques, on aura peine à croire que ni à Constantinople, ni dans aucune grande ville de l'empire, il n'en existe peut-être pas quarante parmi les Mahométans ; encore sont-elles des dernières classes du peuple, et ce n'est que par un excès de misère qu'elles se vouent à la prostitution. Ce sont elles qui ordinairement vont chercher les célibataires ; mais avec toutes les précautions que la prudence exige pour se dérober aux recherches inquiétantes des officiers de police, qui ont toujours les yeux ouverts sur les délits de cette nature. » (D'Ohsson, Tableau de l'empire ottoman, tome IV, p. 349.)

(Voyez t. II, p. 59 , 186 , 220). Il est souvent question dans les voyageurs du châtiment infligé aux adultères.

« Les Poules, depuis qu'ils sont Mahométans , ont renoncé aux divertissements favoris des autres Noirs, la danse et la musique ; je n'ai vu chez eux d'autre instrument qu'une espèce de guimbarde ; les griots (ménestrels) de ce pays se bornent à réciter des prières dont la mélodie ressemble au chant de nos psaumes. » Mollien, p. 366.

« Les Foulahs , et en général tous les Musulmans , sont d'une disposition plus sérieuse que les autres Nègres , et affectent de regarder la danse et autres amusements futiles avec le plus grand mépris. L'équitation est leur amusement favori, et presque leur unique exercice. Les amusements sédentaires, la lecture, l'écriture, qui flattent leur orgueil littéraire, qui est extrême , s'accordent à merveille avec leur disposition d'esprit. » Winterbottom, p. 115.

« Les Foulahs et les Mandingues s'abstiennent de liqueurs fermentées ; ils sont si rigoureux à cet égard , que si une seule goutte tombait sur un vêtement , ce fait seul rendrait le vêtement impur , et qu'il ne pourrait plus être porté avant d'avoir été lavé. Les nations qui ne sont pas musulmanes boivent des spiritueux avec excès , les préférant au vin de palmier. » Winterbottom, p. 72.

Sur toute la route des caravanes , depuis Tripoli jusqu'à Sakatou , dans le pays des Tibous , dans le Bornou , le Kano, et tout le Haoussa, l'islamisme est aujourd'hui professé. Ce sont les Fellans qui l'ont propagé dans cette dernière contrée (1). Il compte aussi de nombreux sectateurs dans la Sé-

(1) « Dans tout le Haoussa l'islamisme était inconnu avant que nous en fissions la conquête. » Mémoire du sultan Bello. Denham et Clapperton, t. III, p. 204.

négambie. Du Haoussa il descend chaque jour vers le sud.
Nous avons vu qu'il a déjà, depuis plusieurs années, pénétré sur la côte de Guinée, chez les Ashantis. Clapperton
et Lander, dans leur route de la côte à Sakatou, à travers
le Yarriba, le Borgou et le Nyffé, trouvèrent partout l'islamisme s'avançant, et supplantant peu à peu les rites sanguinaires ou grossiers de l'ancienne religion. A Badagry même,
lieu de leur débarquement, le culte islamique était pu-
bliquement pratiqué, et, chose remarquable, c'est par les
esclaves musulmans originaires du Haoussa, auxquels on
accordait dans le pays le nom de *mallem*, que la foi du prophète fut introduite et propagée. « Quoique esclaves du chef,
dit Lander, ces hommes jouissent d'une certaine considération... Comme manières et comme conversation, ils sont fort
supérieurs aux sournois et grossiers habitants de Badagry;
ce que nous avons vu de leur vie privée nous donne bonne
opinion en général de leur tempérance et de leur sobriété. »
(T. I, p. 88 et 92). Bien que la grande majorité des habitants soit encore idolâtre, cependant les fêtes musulmanes
sont célébrées en commun par les Musulmans et par les
païens.

A quelque distance de Badagry, dans la ville de Larro, le
voyageur rencontre un mallem qui lit le Koran au chef et au
peuple. Des écoles sont établies dans le but avoué d'inculquer
à la génération naissante les principes de la religion musulmane. Dans le petit village même de Kagogie, près de
Boussa, il y a un maître d'école qui prétend enseigner aux
enfants l'arabe et la lecture du Koran. Enfin, dans les pays de
Wouwou, de Kiama, de Boussa, du Nyffé, les chefs et les
principaux habitants sont à moitié musulmans, mêlant les
rites islamiques à ceux de l'ancien culte national.

Cependant, de tous les résultats de l'influence islamique
en Afrique, le plus remarquable, sans comparaison, est la
création et l'organisation de l'empire-fellan de Sakatou, et
le degré de culture auxquels sont parvenus les hommes émi-

uents de cet empire. Les détails étendus que nous avons donnés sur ce sujet au commencement de notre mémoire nous dispensent d'y revenir ici. Nous rappellerons aussi les renseignements pleins d'intérêt que Denham a donnés sur l'état social du Bornou, et sur l'homme si distingué qui dirigeait ce pays lorsqu'il le visita.

D'autres témoignages, en grand nombre, prouvent que non seulement l'islamisme a réformé, *humanisé* les Noirs, mais encore qu'en les initiant aux traditions abrahamiques, en leur donnant la connaissance de l'unité humaine, en leur enseignant la charité, il a établi un lien entre eux et les Européens, en sorte qu'on peut dire que c'est lui qui nous a ouvert l'intérieur de l'Afrique, fermé pour nous jusque là.

« Jusqu'à un certain point, les Mahométans, en Afrique, marchent sur la même ligne que nous, et il y a dans leur croyance des dogmes dont nous pourrons tirer parti pour introduire chez eux une instruction plus saine. Les Musulmans de l'ouest ne regardent pas les chrétiens avec la même horreur que ceux de l'est ; ils savent que nous admettons un assez grand nombre de faits de leur histoire sacrée ; ces points de contact font sur leur esprit une impression favorable, et les noms d'Abraham et de Moïse sont une recommandation auprès d'eux pour nos livres saints. Nous pouvons encore nous rapprocher d'eux, en Afrique, par l'horreur commune aux deux religions pour les rites et les sacrifices sanguinaires des païens.

» Jusqu'ici l'éducation a été entièrement entre les mains des Mahométans ; l'arabe est l'idiome commun à la plus grande partie de l'Afrique occidentale : d'un autre côté, les voyages des Mahométans ont donné un certain degré de développement et d'étendue à leur intelligence ; ce sont eux qui conduisent la plupart des caravanes ; quelques-uns même voyagent seulement pour leur plaisir. M. Fox parle d'un Maure qu'il rencontra dans l'île de Macarthey, et qui avait tra-

versé le continent dans sa largeur depuis Médine.» Buxton,
p. 570.

« En général, dit Mollien, je ne m'arrêtais guère dans les
villages où je savais qu'il n'existait pas de Nègres mahométans ; les Nègres païens étant plus adonnés au pillage et à
l'ivrognerie que ceux qui sont convertis à l'islamisme.» (T. I,
page 191.) Nous avons vu tout-à-l'heure une déclaration semblable de Caillié.

Lorsque Lander, attaqué et enlevé par les pirates de Kerry,
se trouva en danger de perdre la vie, ce furent les Musulmans
qui le sauvèrent.

« Un homme portant l'habit musulman vint à nous ; il
entreprit de relever notre courage, nous disant qu'il ne fal-
lait pas nous laisser abattre, que nous avions beaucoup
d'amis dans l'assemblée ; que tous ceux qui portaient l'habit
musulman étaient de notre parti, sans compter un grand
nombre de femmes. » R. et J. Lander, t. III, p. 156.

« Les Mandingues de Sierra-Leone, dit Mathews, haïssent
les Chrétiens et traitent de *chiens* les blancs, qu'ils voient souvent se livrer à l'ivrognerie et à la débauche. Cependant
lorsque je résidais parmi eux, en suivant une conduite contraire, et en m'entretenant avec eux des principes de leur religion, je parvins à gagner leur considération au point que
dans les circonstances les plus critiques et dans une maladie
presque désespérée, j'obtins d'eux les soins que j'aurais
pu attendre de mes meilleurs et de mes plus chers amis.
Quoique les Mandingues et les Foulahs tiennent obstinément
aux dogmes de leur religion, cependant je les ai toujours
vus accueillir avec plaisir les passages de la Bible qui ont
quelques rapports avec le Coran. Je les ai vus souvent écouter
avec une profonde attention et un extrême plaisir divers passages de l'Écriture sainte qu'on leur traduisait. Jamais ils ne

s'exprimaient d'une manière irrespectueuse au sujet de notre religion, bien que la conduite des Chrétiens qui résident en Afrique ne soit certainement pas de nature à leur en donner une haute idée. » Winterbottom, p. 209.

« Voici près de dix-huit mois que tu es avec nous, disait le cheikh El-Kanemy, chef du Bornou, à Denham ; alors je ne croyais pas que tu pusses être ici aussi librement que tu y es. C'est le temps et toi-même qu'il faut en remercier ; car j'aurais eu beau donner des ordres, je n'aurais jamais pu effectuer ce dont tu es venu à bout en te mêlant volontairement avec le peuple et gagnant sa bienveillance... et cependant tu es un Chrétien ! » T. II, p. 218.

Dans l'effroyable déroute qui suivit l'attaque des Bornouens contre la ville de Mosfeïa, Denham, vingt fois en danger de perdre la vie, fut sauvé par le zèle de ses amis musulmans. Il y eut cependant un moment où il fut question de l'abandonner, endormi qu'il était, épuisé de fatigue et n'ayant plus de cheval : « Assez de croyants ont aujourd'hui perdu la vie, dit un chef ; qu'y aurait-il d'extraordinaire dans la mort d'un Chrétien ? » — « Dieu l'a sauvé, ne l'abandonnons pas, » répondit un dévot musulman, qui, peu de jours auparavant, avait fatigué le voyageur de ses importunités pour le convertir. On réveilla Denham, on lui donna un cheval, et on le sauva en lui prodiguant les mêmes soins dont il avait été l'objet jusque là. T. II, p. 349.

« Le cheïkh, dit Denham, a fait tourner toutes ses victoires à l'avantage des hommes pour lesquels il les remportait, en s'occupant de leur faire mieux connaître leurs devoirs moraux et religieux. Ses sujets sont les Musulmans les plus rigides du pays des Nègres. Leur respect pour nous s'accrut graduellement à mesure qu'ils s'assurèrent que nous avions réellement une religion, et que nous nous conformions à ses préceptes en priant, sinon en jeûnant; fait dont ils avaient d'abord douté. Notre résolution de voyager hardiment comme Anglais et comme Chrétiens, sans marquer de défiance pour personne, bien loin d'avoir été un obstacle à notre marche, comme tout le monde nous l'avait assuré, inspira pour nous une grande confiance, à laquelle nous devons attribuer en bonne partie la réussite de notre voyage. » T. II, p. 303.

Qu'on lise attentivement les récits des voyageurs qui depuis cinquante ans ont pénétré en Afrique, et on reconnaîtra que tous ont dû le succès de leur entreprise à la présence de l'islamisme, soient qu'ils aient, comme Burkhardt et Caillié, simulé la foi musulmane, ou qu'ils aient, comme Denham, Clapperton, Lander, Mollien, etc., avoué hautement leur caractère de chrétien (1).

Il est vrai, et on l'a souvent rappelé, que Mungo Park rencontra l'esclavage, que Houghton et Laing rencontrèrent la mort même chez les Maures musulmans du désert. Mais ces Maures sont une des races les plus perfides et les plus féroces qui existent sur le globe; leurs crimes sont le résultat de leur caractère, non pas de leur religion. Dans la ville même de Tombouctou, le major Laing, malgré la vivacité de ses professions de foi chrétiennes, avait été respecté; il l'avait été même par les Maures habitants de la ville, qui ne parta-

(1) Il est du reste à remarquer que ce résultat avait été aperçu à l'avance par l'institution africaine, et présenté par elle comme une des circonstances les plus importantes pour le succès de ses projets. « Jusqu'ici, est-il dit dans les mémoires de l'association, nous n'avons pas mis à profit la circonstance que la religion musulmane s'est introduite dans de vastes régions depuis le tropique du Cancer jusqu'à l'équateur. La langue arabe, comprise par les prêtres musulmans de tous les pays, peut ainsi devenir un moyen de communication avec les peuples de l'Afrique occidentale. Cette dernière contrée doit avoir avec la Mecque des relations dont l'existence est affirmée par tous les marchands. (*Procedings of the association for promoting discovery into the interior parts of Africa,* p. 7.)

geaient nullement, comme on peut le voir dans Caillié , le fanatisme de leurs compatriotes du désert (1).

Chez les Nègres, la nature douce et bienveillante propre à cette race a contribué à dégager les préceptes charitables et philantropiques de l'islamisme des inspirations de fanatisme et de dureté que d'autres peuples y ont puisées de préférence (2).

II. Régime de l'esclavage.

Avant de faire connaître la condition des esclaves chez les peuples musulmans de l'Afrique , nous citerons d'abord les dispositions fondamentales du droit islamique relatives à l'esclavage. Elles sont extraites du *Tableau général de l'Empire Ottoman* , de d'Ohsson , t. VI, liv. VI du Code civil.

1° « Sont esclaves, ceux qui naissent de parents esclaves, quel que soit leur culte, et les étrangers qui en temps de guerre tombent au pouvoir des fidèles, quand même ils embrasseraient

(1) Caillié, t. II, p. 351.

(2) Dans son second voyage, en 1806, Mungo Park ayant descendu le Niger jusqu'à Boussa dans une embarcation, et s'étant trouvé arrêté par les brisants qui obstruent le cours du fleuve près de cette ville, fut attaqué par les indigènes et périt après un combat désespéré. Mais sa mort ne fut le résultat ni du fanatisme, ni même de l'inhospitalité. Il est avéré aujourd'hui que les habitants de Boussa, surpris de l'apparition inopinée d'hommes blancs, les prirent pour une avant-garde des conquérants fellatahs, qui commençaient alors à se répandre hors du Haoussa; Mungo Park n'ayant pas d'interprète ne put dissiper leur erreur, et ne voulant pas d'ailleurs se rendre, périt après avoir épuisé ses munitions. L'islamisme n'avait pas encore pénétré dans le pays de Boussa; et il est permis de penser que s'il y eût été établi, cette funeste catastrophe aurait pu être évitée.

Les pirates de Hyammah, qui, en 1833, attaquèrent et blessèrent à mort Richard Lander, appartiennent à ces populations grossières et corrompues du bas Niger, chez lesquelles l'islamisme n'a pas encore été propagé, et qui demeurent adonnées à un fétichisme grossier.

ensuite l'islamisme; mais nul homme *né de parents libres, et professant la religion mahométane*, ne peut dans aucun cas être réduit à la condition serve. T. VI, p. 3 (1).

2° » L'esclave étranger qui déserte sa patrie pour passer en pays musulman, et y professe la doctrine du Cour'ann (Koran), acquiert sa liberté. Le Prophète lui-même a établi cette loi. On sait que, à la suite de la journée de Hudeibiyé, plusieurs esclaves païens s'étant réfugiés dans son camp, où ils embrassèrent sa foi, il les déclara sur l'heure même affranchis et libres, sans nul égard aux réclamations de leurs maîtres, ni même aux représentations de la plupart de ses disciples, qui croyaient en cette occasion plaider avec justice les intérêts des patrons, quoique contraires à celui de la religion et de l'humanité. Id. p. 3 (2).

3° » Le patron a droit de donner ses esclaves en mariage à qui bon lui semble, et les mâles comme les femelles peuvent épouser indistinctement des personnes de condition libre ou de condition serve. Id. p. 6.

4° » Quoique maître de les marier à son gré, il n'a cependant pas droit d'ordonner leur séparation. Id. p. 7.

5° » Les enfants des femmes esclaves appartiennent tou-

---

(1) Nous lisons dans la vie de Mahomet qu'après la victoire d'Honein les Hawazenites vaincus s'étant convertis à l'islamisme, vinrent supplier le Prophète de rendre la liberté à six mille de leurs compatriotes captifs qui devaient être vendus comme faisant partie du butin. « Musulmans, dit Mahomet en s'adressant à ses soldats, *vos frères* sont venus vers vous, conduits par le repentir; ils m'ont conjuré de rendre la liberté à leurs pères, leurs mères, leurs enfants; je ne puis résister à leurs instances. — « Tous ceux qui nous sont échus appartiennent à l'apôtre de Dieu, » s'écrièrent les fidèles. Les six mille captifs obtinrent leur liberté. Vie de Mahomet par Savary, traduction du Koran, p. 120.

(2) On raconte aussi qu'au siége de Taïef, Mahomet fit publier autour des remparts qu'il donnerait la liberté à tous les esclaves qui se rendraient à son camp (Savary, Vie de Mahomet, p. 119). — Nous avons vu que cette coutume est habituellement pratiquée par les Fellans dans leurs guerres contre les idolâtres.

jours au patron de la mère. (L'enfant d'une femme libre et d'un père esclave est libre.) Id. p. 7.

6° » Le patron ne peut pas autoriser deux de ses esclaves, mâle et femelle, à vivre ensemble hors mariage. Id. p. 7.

7° » Le patron peut cohabiter avec ses esclaves femelles, excepté avec deux sœurs, avec mère et fille, tante et nièce, et autres proches parentes aux degrés prohibés pour le mariage. Id. p. 8.

8° » Son droit de propriété sur elles légitime les enfants qui naissent de ce commerce, pourvu qu'il ait soin de reconnaître formellement le premier-né de chaque esclave. Id. p. 9. (Cette légitimation est d'usage.)

9° » Un patron est libre d'épouser son esclave après lui avoir accordé un affranchissement parfait; mais si l'affranchie refuse le mariage, le patron ne peut ni la faire rentrer sous sa puissance, ni la contraindre à accepter sa main. Id. p. 13.

» Souvent un patron affranchit son esclave et l'épouse; les dévots s'en font même un cas de conscience, particulièrement lorsqu'il leur manque le certificat qui doit constater l'origine de l'esclave. Ignorant alors si elle n'est pas née *Musulmane et libre*, ils se font scrupule d'user de leurs droits sur sa personne, et se mettent à l'abri de tout remords en l'épousant. Id. p. 58. (*Voy.* l'article 1er.)

10° » L'affranchissement est une œuvre très-louable et très-méritoire aux yeux de la religion, ainsi que le prouvent ces paroles du Prophète : « Le fidèle qui affranchit son semblable s'affranchit lui-même des peines de l'humanité et des tourments du feu éternel (1). » Id. p. 24.

---

(1) Aux fêtes du pèlerinage de la Mecque, dans sa soixante-troisième année, Mahomet immola soixante-trois victimes et donna la liberté à soixante-trois captifs. Une des dernières actions de sa vie fut de donner la liberté à ses esclaves (Vie de Mahomet, p. 141 et 146.)

« L'affranchissement est souvent l'effet d'un vœu prononcé dans un moment de danger ou d'un principe de religion. Beaucoup de Musulmans donnent la liberté à leurs esclaves au bout d'un certain nombre d'années de service, pour obéir à la loi divine, qui conseille cet acte d'humanité ; ils marient même leurs esclaves à leurs fils ; ils élèvent aussi les fils de leurs esclaves, les affranchissent et leur obtiennent des emplois. De cette classe sont sortis nombre de grands officiers du sérail et de principaux fonctionnaires. » Id. p. 58.

11° » L'affranchissement *maternel* (*istilad*) s'opère aux premières couches d'une esclave dont l'enfant a été reconnu et légitimé par le patron. Pendant la vie du maître, la condition de cette esclave, que l'on appelle alors *umm'y veled* ou *mère de l'enfant*, est comme celle de l'*affranchie par testament*, c'est-à-dire qu'elle ne peut plus être ni vendue ni donnée ; mais à la mort du patron, l'esclave mère jouit en sus d'un droit qui lui est particulier, celui de recouvrer gratuitement sa liberté, *quand même le défunt aurait laissé des dettes considérables*. Ces dispositions en sa faveur sont d'autant plus sacrées qu'elles furent établies par le Prophète lui-même, à l'occasion des couches de son esclave *Meryem* (*Marie*), mère d'Ibrahim. Id. p. 33.

» L'esclave non Musulmane obtient aussi de la loi un affranchissement maternel à l'époque de ses premières couches. Id. p. 45.

» Dès qu'un esclave, soit homme, soit femme, tombe au pouvoir de son père, de sa mère, de son fils, de sa fille, de son frère, de sa sœur, de son oncle, de sa tante, ou de tout autre proche parent aux degrés prohibés pour le mariage, il recouvre sa liberté par l'effet des liens du sang. (*Mulk carib.*) » Id. p. 3.

Nous allons rapporter maintenant un certain nombre de passages des voyageurs qui font connaître ce que l'esclavage

est en fait chez les peuples musulmans de l'Afrique. On sai-
sira facilement le rapport qui existe dans beaucoup de cas
entre les détails cités et les dispositions de la loi musulmane
que nous avons rapportées.

« Les lois du Koran défendent à tout Mahométan de réduire
en esclavage un homme de sa religion. Il résulte de cette
prohibition que les puissants royaumes nègres situés au sud
du désert sont en grande partie exempts du fléau de la traite.
Les contrées où puise ce commerce sont presque entièrement
païennes, où seulement en partie mahométanes. » Buxton, p. 70.

Nous avons vu plus haut, au sujet des Mandingues de
Sierra-Leone, qu'ils observaient exactement les préceptes de
leur foi, celui en particulier *qui défend de vendre comme esclave
aucun Musulman. Voyez* ci-dessus, p. 266.

« Lorsque les prisonniers enlevés aux Mongouis, dans l'expédition dirigée contre eux par le cheikh du Bornou, furent
amenés devant ce prince, il ordonna qu'ils fussent relâchés,
en disant : « *Dieu me préserve de réduire en esclavage les
femmes et les enfants des Musulmans.* »
» L'imprudence de Bou-Khaloum, en se laissant persuader
d'attaquer les Fellatahs, devint alors manifeste ; car, bien que
dans le cas où il les aurait vaincus , il eût pu s'approprier
tous les esclaves des deux sexes qu'il aurait trouvés chez eux,
les Fellatahs étant Musulmans, il ne pouvait les réduire eux-
mêmes en esclavage. » Denham et Clapperton, t. II, p. 31
et 352.

Denham rapporte que le sultan de Mandara , tout en af-
fichant extérieurement un grand zèle pour la conversion
de ses voisins idolâtres les Kerdis, au fond cependant la
redoutait, parce que ces peuples devenus Musulmans ne lui
vendraient plus les prisonniers qu'ils s'enlevaient mutuelle-
ment dans leurs guerres les uns contre les autres. Denham
et Clapperton, t. I, p. 316.

« Le cheikh El-Kanemy conçut combien l'alliance d'un prince aussi puissant que le sultan de Mandara lui serait avantageuse. Le voisinage du pays Kerdis et la facilité de s'y procurer des esclaves furent encore des motifs qui le déterminèrent. Le traité d'alliance fut confirmé par le mariage du cheikh avec la fille du sultan de Mandara. La dot fut assignée sur le produit d'une expédition immédiate dans le Mongo, pays Kerdis au sud-est du Mandara. Cette entreprise, effectuée par les troupes réunies du cheik et du sultan, eut un résultat aussi heureux que pouvait l'espérer cette confédération barbare. Trois mille infortunés, arrachés au sol qui les avait vus naître, furent vendus pour être réduits à un esclavage perpétuel ; et sans doute il y en eut un nombre double sacrifié pour se les procurer. » Denham et Clapperton, t. I, p. 310.

Ces guerres exterminatrices des Musulmans contre les noirs idolâtres, ces chasses aux esclaves, ces *razzias*, sont malheureusement un fait journalier en Afrique. Sir Fowe Buxton a donné sur ce sujet, au chapitre II de son ouvrage (*Mortalité, Capture*) d'amples détails auxquels nous renvoyons.

Cependant, des témoignages certains autorisent aussi à espérer qu'on pourra obtenir le concours de l'islamisme même pour l'abolition de la traite des captifs idolâtres. Deux mobiles religieux, les sentiments de charité enseignés par le Koran, et le désir d'assurer la conversion des Kafirs à la foi musulmane, tendent également à ce résultat, et peuvent finir par triompher des passions cupides qui encouragent la traite.

Les chefs foulahs étaient assemblés pour entendre M. O'Beira exposer l'objet de sa mission ; il chercha à leur faire comprendre les grands avantages qu'ils pouvaient tirer de leur commerce avec la colonie (de Sierra-Leone), et combien ce commerce leur serait plus profitable que la vente des esclaves ; il leur dit tout ce que l'Angleterre avait déjà fait pour mettre fin à la traite et pour donner la liberté à leurs compatriotes.

» Almami répondit qu'il y avait plusieurs années qu'il désirait ouvrir des relations entre Sierra-Leone et son pays, le Fouta-Jallon ; son vœu le plus cher était que ces relations se maintinssent libres et sans interruption jusqu'au dernier jour, et il ajoutait que la faute n'en était pas à lui, si elles n'avaient pas été établies beaucoup plus tôt.

» A l'égard de la traite, il dit que, dans son opinion, elle n'avait plus long-temps à durer, c'est-à-dire que bientôt on cesserait d'envoyer des esclaves à la côte pour les vendre ; qu'il était convaincu que dans l'autre monde il serait appelé à rendre compte de la faute qu'il avait commise en disposant ainsi de ses semblables, mais qu'en même temps il espérait que Dieu daignerait avoir égard à l'impossibilité où il s'était trouvé jusque là de se procurer en abondance, par d'autres moyens, les choses nécessaires à la vie, ou de résister aux séductions des hommes blancs qui venaient acheter ses prisonniers. » Extrait d'une dépêche du gouverneur Grant, du 28 février 1821, rapporté par Buxton, page 336.

« Voici les paroles que le scheik lui-même nous adressait en présence de son peuple, paroles qui peignent mieux que tout ce que nous pourrions dire, les sentiments qui ont déjà trouvé place dans son cœur : « Vous dites vrai ; nous sommes » tous enfants d'un même père ! vous dites aussi que les fils » d'Adam ne devraient pas se vendre les uns les autres, et » vous savez tout ! Dieu vous a donné à tous de grands talents ; mais que devons-nous faire ? Les Arabes qui viennent » ici ne veulent que des esclaves ; pourquoi ne nous envoyez- » vous pas vos marchands ? Vous nous connaissez mainte- » nant ; qu'ils amènent donc leurs femmes avec eux, qu'ils » demeurent parmi nous, qu'ils viennent nous apprendre » toutes ces choses dont vous me parlez si souvent. »

» Je crois pouvoir assurer que ni le scheik lui-même ni la population de Bornou ne se livrent à ce trafic sans des sentiments de dégoût dont l'habitude même ne peut triompher. En général, on se doute peu au Bornou de l'existence d'une traite avec l'étranger, d'une traite qui livre les malheureux Nègres aux mains de maîtres chrétiens ; et un pareil système d'échange est tellement contraire aux dogmes de la religion du scheik, le mahométisme, religion dont il est un des plus stricts observateurs, qu'il est aisé d'en conclure qu'il coopérerait volontiers, et par tous les moyens dont il peut disposer, à l'exécution d'un plan quelconque ayant pour objet de mettre un terme à ce genre de trafic. » Denham et Clapperton, Notice supplémentaire sur le Bornou, citée par Buxton, pages 330 et 332.

« Notre ami Mohammed-el-Lizari, qui remplissait les fonctions de commandant de cette expédition, était si révolté des scènes de cruauté dont il avait été témoin, qu'il fit serment de ne jamais prendre part à ces excursions. » Lyon, p. 250.

Enfin, on se rappelle que le sultan Bello, cédant aux sollicitations de Clapperton, s'était engagé, dans sa lettre au roi d'Angleterre, à défendre à ses marchands d'exporter des esclaves sur la côte de Guinée. Sans doute on peut penser que cet engagement n'était pas très-sérieux. Mais c'est déjà beaucoup que Bello eût pu comprendre qu'il était de bonne politique d'y souscrire. (Voyez ci-dessus, p. 28.)

« La dixième partie de la population de Mourzouk se compose d'esclaves dont un grand nombre ont été enlevés très-jeunes de leur pays. La condition des esclaves nés dans la maison de leur maître est à peu près la même que celle des hommes libres ; ils sont souvent chargés de toutes les affaires de la famille. Rarement on les vend. Quand un membre de la famille à laquelle ils appartiennent vient à mourir, il est d'usage de donner la liberté à un ou plusieurs esclaves ; quelquefois un sentiment de religion en fait affranchir un à l'occasion d'une grande fête. Quand le peuple était plus riche, cette coutume s'observait à la fête du Baïram après le jeûne du Ramadan : elle est tombée en désuétude. On voit aussi quelques esclaves recevoir la liberté pour récompense de leurs services.

» Une Négresse qui a eu un enfant de son maître ne peut être vendue ; il faut qu'il pourvoie à ses besoins tant qu'elle vit, ou qu'il la marie à quelqu'un à qui la même obligation est imposée. L'enfant qui naît de ce mariage est libre ; son père est tenu de pourvoir à sa subsistance (1). » Lyon, p. 288.

« Les esclaves dans le Bornou sont traités comme les enfants de la maison ; rarement on leur inflige des punitions corporelles. J'ai vu plus d'une fois un Bornouen, quand il venait le matin me rendre visite, me dire, les larmes aux yeux, qu'il avait été obligé de vendre une esclave qui était depuis trois ans chez lui ; puis il ajoutait : « Mais le diable lui est entré dans le corps, comment puis-je la garder? » Denham et Clapperton, t. II, p. 313.

« Les esclaves domestiques des Fellatahs sont généralement bien traités. Lorsque les hommes arrivent à l'âge de dix-huit ou dix-neuf ans, on leur donne une femme en mariage ; et leur maître les envoie demeurer à la campagne, dans un de ses villages, où les nouveaux époux se construisent une cabane ; il les nourrit jusqu'au temps de la moisson. L'époque de labourer et de semer étant arrivée, il leur fait connaître ce dont il a besoin et ce qu'ils doivent cultiver ; il leur permet alors d'enclore une portion de terrain pour eux et leur famille. Ils travaillent pour lui depuis le commencement du jour jusqu'à midi ; le reste de la journée leur appartient ;

(1) Suivent d'autres dispositions relatives à l'état des esclaves concubines et de leurs enfants, qui sont, ainsi que Lyon l'observe lui-même, celles établies par la loi musulmane dans tous les pays musulmans.

ils peuvent l'employer comme bon leur semble. Au temps de la récolte, quand on coupe et lie les tiges, chaque esclave reçoit pour lui un paquet de différentes espèces de grains, ce qui lui fait à peu près un de nos boisseaux. Le grain qu'il recueille sur son terrain particulier est entièrement à lui ; il peut en disposer comme il lui plaît. Dans la saison où l'on ne travaille pas, l'esclave est tenu d'obéir aux ordres de son maître, soit pour l'accompagner dans un voyage, soit pour aller à la guerre s'il l'ordonne.

» Les enfants d'un esclave le sont également ; quand ils sont parvenus à un âge convenable, on les envoie garder les chèvres et les moutons, et plus tard les bœufs et le gros bétail. Ensuite le maître les prend chez lui pour soigner ses chevaux et ses affaires de l'intérieur, aussi long-temps qu'ils ne sont pas mariés. Les esclaves domestiques sont nourris de même que le reste de la famille, et semblent être sur le pied de l'égalité avec elle.

» Les enfants des esclaves, soit que ceux-ci demeurent dans la maison ou dans une ferme, ne sont jamais vendus, à moins que leur conduite ne soit telle, qu'après plusieurs châtiments répétés ils ne continuent à se montrer incorrigibles, de sorte que leur maître est obligé de s'en défaire. Les esclaves que l'on vend sont ceux que l'on a pris à l'ennemi, ou qui, récemment achetés et mis à l'essai, ne conviennent pas. Quand un esclave de l'un ou de l'autre sexe meurt sans être marié, tout ce qu'il possède revient à son maître.

» Les enfants d'un esclave sont quelquefois élevés avec ceux du maître ; mais cela n'arrive pas généralement. Les esclaves de l'un et de l'autre sexe appartenant aux Fellatahs riches, apprennent tous à lire et à écrire l'arabe, mais sont instruits séparément. » Clapperton, t. II, p. 87 et 89.

« Les Rumbdés du Fouta-Djallon, dont j'ai eu occasion de parler plusieurs fois, sont des établissements qui font honneur à l'humanité. Chaque village, ou plusieurs habitants d'un village, rassemblent leurs esclaves et leur enjoignent de se bâtir des cases, voisines les unes des autres. Cette réunion s'appelle Rumbdé. On choisit un chef parmi ces esclaves. Ses enfants, s'ils en sont dignes, occupent sa place après sa mort. Ces esclaves, qui n'en portent que le nom, labourent le champ de leurs maîtres. Et lorsqu'ils voyagent, ils les suivent pour porter leurs fardeaux. Jamais on ne les vend quand ils sont parvenus à un âge un peu avancé, ou qu'ils sont nés dans le pays. Agir autrement, serait causer la désertion de tout le rumbdé. Mais celui qui se conduit mal est livré au maître par ses camarades pour qu'il le vende.

» Tout donne lieu de croire que ce genre de colonie, établi dans une grande partie de l'Afrique, contribuerait à rendre efficace en même temps qu'utile l'abolition de la traite des noirs. En effet, tenir les prisonniers de guerre en captivité a été un acheminement vers la civilisation chez des peuples qui peut-être autrefois, comme ceux de l'Amérique, en faisaient d'horribles festins, ou les sacrifiaient à leurs dieux. Transformer ces prisonniers en *serfs de la glèbe* jouissant du privilége de n'être jamais vendus, ainsi que le font les Poules du Fouta-Djallon, est une amélioration dans leur sort, un pas assuré vers leur affranchissement, et tout ce que l'on peut attendre à présent des Nègres propriétaires d'esclaves. Les rumbdés indiquent aussi quelle est la voie la moins hypothétique pour vaincre la paresse naturelle aux Nègres, et les obliger à devenir cultivateurs sans froisser les droits de l'humanité.» Mollien, t. II, page 189.

« Les esclaves domestiques sont regardés (1) presque comme les enfants de la maison, et s'ils se comportent bien, traités avec humanité. Les hommes sont souvent mis en liberté, et les femmes données en mariage à des hommes libres, dans d'autres circonstances, aux esclaves domestiques de la famille.

(1) A Koulfa, dans le Nyffé.

Quand cela arrive , on leur fait don d'une maison pour qu'ils y logent ; si l'homme sait un métier, il demeure dans la ville et travaille ; s'il n'en sait pas , il va dans la campagne et cultive la terre , donnant à son maître une partie du produit. Dans les deux cas , ces gens considèrent toujours le chef de la famille de leur propriétaire comme leur seigneur, et l'appellent leur père ou leur mère, suivant que c'est un homme ou une femme.

» Tout le monde , soit gens libres , soit esclaves , se nourrit à peu près de la même manière. Le personnage le plus considérable du pays , soit homme, soit femme, n'éprouve pas de honte en laissant parfois ses esclaves manger au même plat. » Clapperton, t. II, p. 270.

« Il n'y aurait pas, je crois, exagération à dire que les quatre cinquièmes de la population, non seulement à Boussa, mais partout aux environs , se composent d'esclaves. Il y en a plusieurs à qui on donne permission d'aller et de venir librement, pourvu qu'ils soient prêts à se rendre au premier appel du maître. Ils se procurent leur subsistance, et consacrent une portion de leur temps au service de ceux à qui ils appartiennent ; d'autres font le service intérieur et remplissent les fonctions de domestiques. Ils sont également obligés de pourvoir eux-mêmes à leurs besoins. C'est ainsi que les esclaves sont traités dans leur pays natal ; ils jouissent d'une grande liberté , ont du loisir, ne sont jamais surchargés d'ouvrage, et sont rarement punis, même lorsqu'ils le méritent : on ne leur inflige que de légers châtimens. Un esclave qui s'enfuit, et qui est repris et ramené à son maître, est mis aux fers un jour ou deux ; seulement le propriétaire s'en défait, s'il peut, à la première occasion. Les naturels ont une grande répugnance à employer les verges ou toute autre correction de ce genre, et ont rarement recours aux punitions. » R. et J. Lander, t. II, p. 213.

« Les esclaves sont nombreux chez les Iolofs ; mais ils sont traités avec tant de douceur, qu'ils ne songent guère à déserter. Il n'est pas rare de voir des hommes libres manger avec des esclaves; ceux-ci, lorsqu'ils sont nés dans la case, ne sont jamais vendus, à moins qu'ils n'aient commis quelques fautes graves. On les nourrit assez bien, et on n'exige de leur part que des travaux qui sont loin d'être accablants. » Mollien, t. I, p. 226.

« Dans la plaine où est situé le village de Saraya, dans le pays de Kouranko, je vis des esclaves qui travaillaient à la préparation des terres; ils avaient avec eux un tambour pour les encourager, car dans quelques parties de ce vaste pays on ne fait rien qu'au son de la musique. » Caillié, t. I, p. 350.

« Des troupes d'esclaves des deux sexes, accompagnés de tambours et de flûtes, et chantant en chœur, allaient chercher de l'eau à la rivière pour détremper la terre (dans le Yarriba). » Clapperton, t. I, p. 190.

« Notre caravane, en partant de Tripoli, s'augmenta d'un assez grand nombre de Nègres qui avaient obtenu leur liberté et qui retournaient dans leur pays. » Lyon, p. 58.

« Indépendamment de nos gens, un grand nombre d'esclaves affranchis suivaient notre kafila pour retourner dans leur pays. Le pacha de Tripoli en avait mis vingt-quatre en liberté, dont seize femmes. Notre ami Mohammed d'Ghies avait également délivré trois jeunes femmes de Begharmi, le jour même de notre départ de Tripoli, en leur disant : Que ses amis les Anglais désirant visiter leur pays, c'était à eux qu'elles devaient leur liberté et le bonheur de rentrer dans leurs foyers. Deux seulement de ces jeunes filles étaient tombées entre les mains de cet excellent vieillard. Lorsqu'il leur annonça qu'elles étaient libres, elles lui dirent qu'une de leurs sœurs avait été amenée avec elles à Tripoli, mais qu'elles ne savaient pas ce qu'elle était devenue. Après beaucoup de recherches, Mohammed d'Ghies la découvrit, la racheta, et pourvut aux dépenses nécessaires pour qu'elles pussent toutes les trois revoir ensemble le toit paternel. Denham et Clapperton, t. I, p. 39.

» Selon l'usage des Musulmans, à cette sainte époque, on donna la liberté à un certain nombre d'esclaves, et le propriétaire de la maison que j'habitais, pour sa part, en affranchit quinze (à l'époque de la célébration de la fête du Bairam, à Kano). Denham et Clapperton, t. III, p. 149.

» Les Fellatahs (à Kano) affranchissent souvent des esclaves, soit à la mort de leurs maîtres, soit à l'occasion de quelque cérémonie religieuse. Les lettres de manumission doivent être signées devant le cadi et certifiées par deux témoins. Ceux qui ne savent pas écrire font une croix comme chez nous. Denham et Clapperton, t. III, p. 34, 35.

» Les habitants de Sakatou, dont la plupart sont Fellatahs, ont de nombreux esclaves, dont quelques-uns, qui ne sont pas employés aux travaux domestiques, occupent des maisons particulières, et travaillent à différents métiers, bien entendu au profit de leurs maîtres. Il est d'usage d'affranchir un certain nombre d'esclaves chaque année, pendant les fêtes qui succèdent au Ramadan. Il est rare que ces affranchis retournent dans leur pays ; ils continuent à rester auprès de leurs anciens maîtres, qu'ils regardent toujours comme leurs supérieurs, et auxquels ils offrent annuellement une partie de leur gain. » Denham et Clapperton, t. III, p. 124.

ANNEXE B.

—

« Il y a repoussement et haine irréciliable entre les diverses religions chrétiennes, bien plus qu'entre les Turcs et les Chrétiens. Les conversions sont impossibles, là où un changement de communion serait un opprobre qui flétrirait, et que punirait souvent de mort une tribu, un village, une famille.

» Quant aux Mahométans, il est inoui qu'on n'en ait jamais converti. Leur religion est un déisme pratique, dont la morale est le même en principe que celle du christianisme, moins le dogme de la divinité de l'homme. Le dogme du mahométisme n'est que la croyance dans l'inspiration divine, manifestée par un homme plus sage et plus favorisé de l'émanation céleste que le reste de ses semblables; on a mêlé plus tard quelques faits miraculeux à la mission de Mahomet, mais ces miracles des légendes islamique ne sont pas le fonds de la religion, et ne sont pas admis par les Turcs éclairés. Toutes les religions ont leurs légendes, leurs traditions absurdes, leur côté populaire : le côté philosophique du mahométisme est pur de ces grossiers mélanges ; il n'est que résignation à la volonté de Dieu et charité envers les hommes. J'ai vu un grand nombre de Turcs et d'Arabes, profondément religieux, qui n'admettaient de leur religion que ce qu'elle a de raisonnable et d'humain. Leur raison n'avait pas d'effort à faire pour admettre des dogmes qui la révoltent: c'est le théisme pratique et contemplatif. On ne convertit guère de pareils hommes : on descend du dogme merveilleux au dogme simple ; on ne remonte pas du dogme simple au dogme merveilleux. »

(LAMARTINE, Voyage en Orient, t. II, p. 370.)

« La mosquée n'est point un temple où habite un Dieu ; c'est une maison de prière et contemplation, où les hommes se rassemblent pour adorer le Dieu unique et universel. Ce qu'on appelle culte n'existe pas dans la religion. Mahomet a prêché à des peuplades barbares, chez qui le culte cachait le Dieu. Les rites sont simples ; une fête annuelle, des ablutions et la prière aux cinq divisions du jour, voilà tout. Point de dogme que la croyance à un Dieu créateur et rénumérateur ; les images supprimées, de peur qu'elles ne tentent la faible imagination humaine et ne convertissent le souvenir en coupable adoration. Point de prêtres, ou du moins tout fidèle peut faire les fonctions de prêtre. Le corps sacerdotal ne s'est formé que plus tard et par corruption. Toutes les fois que je suis entré dans les mosquées, ce jour-là ou d'autres jours, j'y ai trouvé un petit nombre de Turcs accroupis ou couchés sur les tapis et priant avec tous les signes extérieurs de la ferveur et de la complète absorption d'esprit. »

(Id., t. III, p. 292)

FIN.

BIBLIOTHEQUE ROYALE